TRANZLATY

Sprache ist für alle da

Språk er for alle

Die Schöne und das Biest

Skjønnheten og Udyret

Gabrielle-Suzanne Barbot de Villeneuve

Deutsch / Norsk

Copyright © 2025 Tranzlaty
All rights reserved
Published by Tranzlaty
ISBN: 978-1-80572-020-1
Original text by Gabrielle-Suzanne Barbot de Villeneuve
La Belle et la Bête
First published in French in 1740
Taken from The Blue Fairy Book (Andrew Lang)
Illustration by Walter Crane
www.tranzlaty.com

Es war einmal ein reicher Kaufmann
Det var en gang en rik kjøpmann
dieser reiche Kaufmann hatte sechs Kinder
denne rike kjøpmannen hadde seks barn
Er hatte drei Söhne und drei Töchter
han hadde tre sønner og tre døtre
Er hat keine Kosten für ihre Ausbildung gescheut
han sparte ingen kostnader for utdanningen deres
weil er ein vernünftiger Mann war
fordi han var en mann med fornuft
aber er gab seinen Kindern viele Diener
men han ga sine barn mange tjenere
seine Töchter waren überaus hübsch
døtrene hans var ekstremt pene
und seine jüngste Tochter war besonders hübsch
og hans yngste datter var spesielt pen
Schon als Kind wurde ihre Schönheit bewundert
som barn ble hennes skjønnhet allerede beundret
und die Leute nannten sie nach ihrer Schönheit
og folket kalte henne for hennes skjønnhet
Ihre Schönheit verblasste nicht, als sie älter wurde
skjønnheten hennes bleknet ikke ettersom hun ble eldre
Deshalb nannten die Leute sie weiterhin wegen ihrer Schönheit
så folket fortsatte å kalle henne for hennes skjønnhet
das machte ihre Schwestern sehr eifersüchtig
dette gjorde søstrene hennes veldig sjalu
Die beiden ältesten Töchter waren sehr stolz
de to eldste døtrene hadde en stor grad av stolthet
Ihr Reichtum war die Quelle ihres Stolzes
deres rikdom var kilden til deres stolthet
und sie verbargen ihren Stolz nicht
og de la ikke skjul på stoltheten sin heller
Sie besuchten nicht die Töchter anderer Kaufleute
de besøkte ikke andre kjøpmannsdøtre
weil sie nur mit Aristokraten zusammentreffen

fordi de bare møter aristokrati
Sie gingen jeden Tag zu Partys
de gikk ut hver dag til fester
Bälle, Theaterstücke, Konzerte usw.
baller, skuespill, konserter og så videre
und sie lachten über ihre jüngste Schwester
og de lo av sin yngste søster
weil sie die meiste Zeit mit Lesen verbrachte
fordi hun brukte mesteparten av tiden sin på å lese
Es war allgemein bekannt, dass sie reich waren
det var velkjent at de var velstående
so hielten mehrere bedeutende Kaufleute um ihre Hand an
så flere eminente kjøpmenn ba om deres hånd
aber sie sagten, sie würden nicht heiraten
men de sa at de ikke skulle gifte seg
aber sie waren bereit, einige Ausnahmen zu machen
men de var forberedt på å gjøre noen unntak
„Vielleicht könnte ich einen Herzog heiraten"
"kanskje jeg kunne gifte meg med en hertug"
„Ich schätze, ich könnte einen Grafen heiraten"
"Jeg antar at jeg kunne gifte meg med en jarl"
Schönheit dankte sehr höflich denen, die ihr einen Antrag gemacht hatten
skjønnhet takket veldig borgerlig de som fridde til henne
Sie sagte ihnen, sie sei noch zu jung zum Heiraten
hun fortalte dem at hun fortsatt var for ung til å gifte seg
Sie wollte noch ein paar Jahre bei ihrem Vater bleiben
hun ønsket å bli noen år til hos faren

Auf einmal verlor der Kaufmann sein Vermögen
Med en gang mistet kjøpmannen formuen
er verlor alles außer einem kleinen Landhaus
han mistet alt bortsett fra et lite landsted
und er sagte seinen Kindern mit Tränen in den Augen:
og han fortalte barna sine med tårer i øynene:
„Wir müssen aufs Land gehen"

"vi må gå på landsbygda"
„und wir müssen für unseren Lebensunterhalt arbeiten"
"og vi må jobbe for livet vårt"
die beiden ältesten Töchter wollten die Stadt nicht verlassen
de to eldste døtrene ville ikke forlate byen
Sie hatten mehrere Liebhaber in der Stadt
de hadde flere elskere i byen
und sie waren sicher, dass einer ihrer Liebhaber sie heiraten würde
og de var sikre på at en av deres elskere ville gifte seg med dem
Sie dachten, ihre Liebhaber würden sie heiraten, auch wenn sie kein Vermögen hätten
de trodde deres elskere ville gifte seg med dem selv uten formue
aber die guten Damen haben sich geirrt
men de flinke damene tok feil
Ihre Liebhaber verließen sie sehr schnell
deres elskere forlot dem veldig raskt
weil sie kein Vermögen mehr hatten
fordi de ikke hadde noen formuer lenger
das zeigte, dass sie nicht wirklich beliebt waren
dette viste at de faktisk ikke var godt likt
alle sagten, sie verdienen kein Mitleid
alle sa at de ikke fortjener å bli synd på
„Wir sind froh, dass ihr Stolz gedemütigt wurde"
"vi er glade for å se deres stolthet ydmyket"
„Lasst sie stolz darauf sein, Kühe zu melken"
"la dem være stolte av å melke kyr"
aber sie waren um Schönheit besorgt
men de var opptatt av skjønnhet
sie war so ein süßes Geschöpf
hun var en så søt skapning
Sie sprach so freundlich zu armen Leuten
hun snakket så vennlig til fattige mennesker
und sie war von solch unschuldiger Natur

og hun var av en så uskyldig natur
Mehrere Herren hätten sie geheiratet
Flere herrer ville ha giftet seg med henne
Sie hätten sie geheiratet, obwohl sie arm war
de ville ha giftet seg med henne selv om hun var fattig
aber sie sagte ihnen, sie könne sie nicht heiraten
men hun fortalte dem at hun ikke kunne gifte seg med dem
weil sie ihren Vater nicht verlassen wollte
fordi hun ikke ville forlate faren sin
sie war entschlossen, mit ihm aufs Land zu fahren
hun var fast bestemt på å bli med ham på landet
damit sie ihn trösten und ihm helfen konnte
slik at hun kunne trøste og hjelpe ham

Die arme Schönheit war zunächst sehr betrübt
Stakkars skjønnhet ble veldig bedrøvet i begynnelsen
sie war betrübt über den Verlust ihres Vermögens
hun ble sørget over tapet av formuen
„Aber Weinen wird mein Schicksal nicht ändern"
"men å gråte vil ikke forandre formuen min"
„Ich muss versuchen, ohne Reichtum glücklich zu sein"
"Jeg må prøve å gjøre meg selv lykkelig uten rikdom"
Sie kamen zu ihrem Landhaus
de kom til landstedet sitt
und der Kaufmann und seine drei Söhne widmeten sich der Landwirtschaft
og kjøpmannen og hans tre sønner drev jordbruk
Schönheit stand um vier Uhr morgens auf
skjønnheten steg klokken fire om morgenen
und sie beeilte sich, das Haus zu putzen
og hun skyndte seg å rydde huset
und sie sorgte dafür, dass das Abendessen fertig war
og hun sørget for at middagen var klar
ihr neues Leben fiel ihr zunächst sehr schwer
i begynnelsen syntes hun det nye livet var veldig vanskelig
weil sie diese Arbeit nicht gewohnt war

fordi hun ikke hadde vært vant til slikt arbeid
aber in weniger als zwei Monaten wurde sie stärker
men på mindre enn to måneder ble hun sterkere
und sie war gesünder als je zuvor
og hun var sunnere enn noen gang før
nachdem sie ihre arbeit erledigt hatte, las sie
etter at hun hadde gjort arbeidet sitt leste hun
sie spielte Cembalo
hun spilte på cembalo
oder sie sang, während sie Seide spann
eller hun sang mens hun spunnet silke
im Gegenteil, ihre beiden Schwestern wussten nicht, wie sie ihre Zeit verbringen sollten
tvert imot, hennes to søstre visste ikke hvordan de skulle bruke tiden sin
Sie standen um zehn auf und taten den ganzen Tag nichts anderes als herumzufaulenzen
de sto opp klokka ti og gjorde ikke annet enn å sløve seg hele dagen
Sie beklagten den Verlust ihrer schönen Kleider
de beklaget tapet av sine fine klær
und sie beklagten sich über den Verlust ihrer Bekannten
og de klaget over å miste sine bekjente
„Schau dir unsere jüngste Schwester an", sagten sie zueinander
«Ta en titt på vår yngste søster», sa de til hverandre
„Was für ein armes und dummes Geschöpf sie ist"
"for en stakkars og dum skapning hun er"
„Es ist gemein, mit so wenig zufrieden zu sein"
"det er vondt å være fornøyd med så lite"
der freundliche Kaufmann war ganz anderer Meinung
den snille kjøpmannen var av en helt annen oppfatning
er wusste sehr wohl, dass Schönheit ihre Schwestern übertraf
han visste godt at skjønnheten overgikk søstrene hennes
Sie übertraf sie sowohl charakterlich als auch geistig

hun overgikk dem i karakter så vel som sinn
er bewunderte ihre Bescheidenheit und ihre harte Arbeit
han beundret hennes ydmykhet og hennes harde arbeid
aber am meisten bewunderte er ihre Geduld
men mest av alt beundret han tålmodigheten hennes
Ihre Schwestern überließen ihr die ganze Arbeit
søstrene hennes forlot henne alt arbeidet å gjøre
und sie beleidigten sie ständig
og de fornærmet henne hvert øyeblikk

Die Familie hatte etwa ein Jahr lang so gelebt
Familien hadde levd slik i omtrent ett år
dann bekam der Kaufmann einen Brief von einem Buchhalter
så fikk kjøpmannen et brev fra en regnskapsfører
er hatte in ein Schiff investiert
han hadde en investering i et skip
und das Schiff war sicher angekommen
og skipet var trygt ankommet
diese Nachricht ließ die beiden ältesten Töchter staunen
Nyheten hans snudde hodet til de to eldste døtrene
Sie hatten sofort die Hoffnung, in die Stadt zurückzukehren
de hadde umiddelbart håp om å komme tilbake til byen
weil sie des Landlebens überdrüssig waren
fordi de var ganske slitne av livet på landet
Sie gingen zu ihrem Vater, als er ging
de dro til faren da han dro
Sie baten ihn, ihnen neue Kleider zu kaufen
de ba ham kjøpe nye klær til dem
Kleider, Bänder und allerlei Kleinigkeiten
kjoler, bånd og alle slags småting
aber die Schönheit verlangte nichts
men skjønnheten ba om ingenting
weil sie dachte, das Geld würde nicht reichen
fordi hun trodde pengene ikke kom til å strekke til

es würde nicht reichen, um alles zu kaufen, was ihre Schwestern wollten
det ville ikke være nok til å kjøpe alt søstrene hennes ønsket seg
„Was möchtest du, Schönheit?", fragte ihr Vater
"Hva vil du, skjønnhet?" spurte faren hennes
"Danke, Vater, dass du so nett bist, an mich zu denken", sagte sie
«Takk, far, for godheten til å tenke på meg,» sa hun
„Vater, sei so freundlich und bring mir eine Rose mit"
"far, vær så snill å gi meg en rose"
„weil hier im Garten keine Rosen wachsen"
"fordi ingen roser vokser her i hagen"
„und Rosen sind eine Art Rarität"
"og roser er en slags sjeldenhet"
Schönheit mochte Rosen nicht wirklich
skjønnhet brydde seg egentlig ikke om roser
sie bat nur um etwas, um ihre Schwestern nicht zu verurteilen
hun ba bare om noe for ikke å fordømme søstrene hennes
aber ihre Schwestern dachten, sie hätte aus anderen Gründen nach Rosen gefragt
men søstrene hennes trodde hun ba om roser av andre grunner
„Sie hat es nur getan, um besonders auszusehen"
"hun gjorde det bare for å se spesiell ut"

Der freundliche Mann machte sich auf die Reise
Den snille mannen dro på sin reise
aber als er ankam, stritten sie über die Ware
men da han kom, kranglet de om varene
und nach viel Ärger kam er genauso arm zurück wie zuvor
og etter mye trøbbel kom han tilbake like fattig som før
er war nur ein paar Stunden von seinem eigenen Haus entfernt
han var innen et par timer fra sitt eget hus

und er stellte sich schon die Freude vor, seine Kinder zu sehen
og han så allerede for seg gleden ved å se barna sine
aber als er durch den Wald ging, verirrte er sich
men når han gikk gjennom skogen gikk han seg vill
es hat furchtbar geregnet und geschneit
det regnet og snødde fryktelig
der Wind war so stark, dass er ihn vom Pferd warf
vinden var så sterk at han kastet seg av hesten
und die Nacht kam schnell
og natten kom raskt
er begann zu glauben, er müsse verhungern
han begynte å tenke på at han kunne sulte
und er dachte, er könnte erfrieren
og han tenkte at han kunne fryse i hjel
und er dachte, Wölfe könnten ihn fressen
og han trodde ulver kunne spise ham
die Wölfe, die er um sich herum heulen hörte
ulvene som han hørte hyle rundt seg
aber plötzlich sah er ein Licht
men plutselig så han et lys
er sah das Licht in der Ferne durch die Bäume
han så lyset på avstand gjennom trærne
als er näher kam, sah er, dass das Licht ein Palast war
da han kom nærmere så han at lyset var et palass
der Palast war von oben bis unten beleuchtet
palasset ble opplyst fra topp til bunn
Der Kaufmann dankte Gott für sein Glück
kjøpmannen takket Gud for lykken
und er eilte zum Palast
og han skyndte seg til palasset
aber er war überrascht, keine Leute im Palast zu sehen
men han ble overrasket over å se ingen mennesker i palasset
der Hof war völlig leer
gårdsplassen var helt tom
und nirgendwo ein Lebenszeichen

og det var ingen tegn til liv noe sted
sein Pferd folgte ihm in den Palast
hesten hans fulgte ham inn i palasset
und dann fand sein Pferd großen Stall
og så fant hesten hans stor stall
das arme Tier war fast verhungert
det stakkars dyret var nesten utsultet
also ging sein Pferd hinein, um Heu und Hafer zu finden
så hesten hans gikk inn for å finne høy og havre
zum Glück fand er reichlich zu essen
heldigvis fant han mye å spise
und der Kaufmann band sein Pferd an die Krippe
og kjøpmannen bandt hesten sin til krybben
Als er zum Haus ging, sah er niemanden
Han gikk mot huset og så ingen
aber in einer großen Halle fand er ein gutes Feuer
men i en stor sal fant han et godt bål
und er fand einen Tisch für eine Person gedeckt
og han fant et bord dekket til en
er war nass vom Regen und Schnee
han var våt av regn og snø
Also ging er zum Feuer, um sich abzutrocknen
så han gikk nær ilden for å tørke seg
„Ich hoffe, der Hausherr entschuldigt mich"
"Jeg håper husets herre vil unnskylde meg"
„Ich schätze, es wird nicht lange dauern, bis jemand auftaucht."
"Jeg antar at det ikke vil ta lang tid før noen dukker opp"
Er wartete eine beträchtliche Zeit
Han ventet en god stund
er wartete, bis es elf schlug, und noch immer kam niemand
han ventet til klokken slo elleve, og fortsatt kom ingen
Schließlich war er so hungrig, dass er nicht länger warten konnte
til slutt var han så sulten at han ikke kunne vente lenger
er nahm ein Hühnchen und aß es in zwei Bissen

han tok litt kylling og spiste den i to munnfuller
er zitterte beim Essen
han skalv mens han spiste maten
danach trank er ein paar Gläser Wein
etter dette drakk han noen glass vin
Er wurde mutiger und verließ den Saal
han ble modigere og gikk ut av salen
und er durchquerte mehrere große Hallen
og han krysset flere store saler
Er ging durch den Palast, bis er in eine Kammer kam
han gikk gjennom palasset til han kom inn i et kammer
eine Kammer, in der sich ein überaus gutes Bett befand
et kammer som hadde en overmåte god seng i seg
er war von der Tortur sehr erschöpft
han var veldig sliten etter prøvelsen
und es war schon nach Mitternacht
og klokken var allerede over midnatt
also beschloss er, dass es das Beste sei, die Tür zu schließen
så han bestemte seg for at det var best å lukke døren
und er beschloss, dass er zu Bett gehen sollte
og han konkluderte med at han skulle legge seg

Es war zehn Uhr morgens, als der Kaufmann aufwachte
Klokken var ti om morgenen da kjøpmannen våknet
gerade als er aufstehen wollte, sah er etwas
akkurat da han skulle reise seg så han noe
er war erstaunt, saubere Kleidung zu sehen
han ble overrasket over å se et rent sett med klær
an der Stelle, wo er seine schmutzigen Kleider
zurückgelassen hatte
på stedet hvor han hadde lagt igjen skitne klær
"Mit Sicherheit gehört dieser Palast einer netten Fee"
"visst tilhører dette palasset en slags fe"
„eine Fee, die mich gesehen und bemitleidet hat"
" en fe som har sett og syntes synd på meg"
er sah durch ein Fenster

han så gjennom et vindu
aber statt Schnee sah er den herrlichsten Garten
men i stedet for snø så han den herligste hage
und im Garten waren die schönsten Rosen
og i hagen var de vakreste rosene
dann kehrte er in die große Halle zurück
han vendte så tilbake til den store salen
der Saal, in dem er am Abend zuvor Suppe gegessen hatte
salen hvor han hadde spist suppe kvelden før
und er fand etwas Schokolade auf einem kleinen Tisch
og han fant litt sjokolade på et lite bord
„Danke, liebe Frau Fee", sagte er laut
"Takk, gode Madam Fairy," sa han høyt
„Danke für Ihre Fürsorge"
"takk for at du er så omsorgsfull"
„Ich bin Ihnen für all Ihre Gefälligkeiten äußerst dankbar"
"Jeg er ekstremt takknemlig overfor deg for alle dine tjenester"
Der freundliche Mann trank seine Schokolade
den snille mannen drakk sjokoladen sin
und dann ging er sein Pferd suchen
og så gikk han for å se etter hesten sin
aber im Garten erinnerte er sich an die Bitte der Schönheit
men i hagen husket han skjønnhetens anmodning
und er schnitt einen Rosenzweig ab
og han skar av en gren av roser
sofort hörte er ein lautes Geräusch
straks hørte han en stor lyd
und er sah ein furchtbar furchtbares Tier
og han så et fryktelig skremmende dyr
er war so erschrocken, dass er kurz davor war, ohnmächtig zu werden
han var så redd at han var klar til å besvime
„Du bist sehr undankbar", sagte das Tier zu ihm
"Du er veldig utakknemlig," sa beistet til ham
und das Tier sprach mit schrecklicher Stimme
og dyret talte med en forferdelig røst

„Ich habe dein Leben gerettet, indem ich dich in mein Schloss gelassen habe"
"Jeg har reddet livet ditt ved å la deg komme inn i slottet mitt"
„und dafür stiehlst du mir im Gegenzug meine Rosen?"
"og for dette stjeler du rosene mine i retur?"
„Die Rosen sind für mich mehr wert als alles andere"
"Rosene som jeg verdsetter over alt"
„Aber du wirst für das, was du getan hast, sterben"
"men du skal dø for det du har gjort"
„Ich gebe Ihnen nur eine Viertelstunde, um sich vorzubereiten"
"Jeg gir deg bare et kvarter til å forberede deg"
„Bereiten Sie sich auf den Tod vor und sprechen Sie Ihre Gebete"
"Gjør deg klar for døden og be dine bønner"
der Kaufmann fiel auf die Knie
kjøpmannen falt på kne
und er hob beide Hände
og han løftet begge hendene sine
„Mein Herr, ich flehe Sie an, mir zu vergeben"
"Min herre, jeg ber deg om å tilgi meg"
„Ich hatte nicht die Absicht, Sie zu beleidigen"
"Jeg hadde ingen intensjon om å fornærme deg"
„Ich habe für eine meiner Töchter eine Rose gepflückt"
"Jeg samlet en rose til en av døtrene mine"
„Sie bat mich, ihr eine Rose mitzubringen"
"hun ba meg gi henne en rose"
„Ich bin nicht euer Herr, sondern ein Tier", antwortete das Monster
"Jeg er ikke din herre, men jeg er et beist," svarte monsteret
„Ich mag keine Komplimente"
"Jeg elsker ikke komplimenter"
„Ich mag Menschen, die so sprechen, wie sie denken"
"Jeg liker folk som snakker som de tenker"
„glauben Sie nicht, dass ich durch Schmeicheleien bewegt werden kann"

"ikke forestill deg at jeg kan bli rørt av smiger"
„**Aber Sie sagen, Sie haben Töchter**"
"Men du sier du har fått døtre"
„**Ich werde dir unter einer Bedingung vergeben**"
"Jeg vil tilgi deg på en betingelse"
„**Eine deiner Töchter muss freiwillig in meinen Palast kommen**"
"en av døtrene dine må komme til mitt palass villig"
"**und sie muss für dich leiden**"
"og hun må lide for deg"
„**Gib mir Dein Wort**"
"La meg få ordet"
„**Und dann können Sie Ihren Geschäften nachgehen**"
"og så kan du gjøre jobben din"
„**Versprich mir das:**"
"Lov meg dette:"
„**Wenn Ihre Tochter sich weigert, für Sie zu sterben, müssen Sie innerhalb von drei Monaten zurückkehren**"
"hvis datteren din nekter å dø for deg, må du komme tilbake innen tre måneder"
der Kaufmann hatte nicht die Absicht, seine Töchter zu opfern
kjøpmannen hadde ingen intensjoner om å ofre døtrene sine
aber da ihm Zeit gegeben wurde, wollte er seine Töchter noch einmal sehen
men siden han fikk tid, ønsket han å se døtrene sine en gang til
also versprach er, dass er zurückkehren würde
så han lovet at han skulle komme tilbake
und das Tier sagte ihm, er könne aufbrechen, wann er wolle
og dyret fortalte ham at han kunne reise når det ville
und das Tier erzählte ihm noch etwas
og dyret fortalte ham en ting til
„**Du sollst nicht mit leeren Händen gehen**"
"du skal ikke gå tomhendt"
„**Geh zurück in das Zimmer, in dem du lagst**"

"gå tilbake til rommet der du lå"
„Sie werden eine große leere Schatzkiste sehen"
"du vil se en stor tom skattekiste"
„Fülle die Schatzkiste mit allem, was Dir am besten gefällt"
"fyll skattekisten med det du liker best"
„und ich werde die Schatzkiste zu Dir nach Hause schicken"
"og jeg vil sende skattekisten til ditt hjem"
und gleichzeitig zog sich das Tier zurück
og samtidig trakk dyret seg tilbake

„Nun", sagte sich der gute Mann
"Vel," sa den gode mannen til seg selv
„Wenn ich sterben muss, werde ich meinen Kindern wenigstens etwas hinterlassen"
"hvis jeg må dø, skal jeg i det minste overlate noe til barna mine"
so kehrte er ins Schlafzimmer zurück
så han gikk tilbake til sengekammeret
und er fand sehr viele Goldstücke
og han fant mange gullbiter
er füllte die Schatzkiste, die das Tier erwähnt hatte
han fylte skattekisten dyret hadde nevnt
und er holte sein Pferd aus dem Stall
og han tok hesten sin ut av stallen
die Freude, die er beim Betreten des Palastes empfand, war nun genauso groß wie die Trauer, die er beim Verlassen des Palastes empfand
gleden han følte da han gikk inn i palasset var nå lik den sorgen han følte da han forlot det
Das Pferd nahm einen der Wege im Wald
hesten tok en av skogens veier
und in wenigen Stunden war der gute Mann zu Hause
og om noen timer var den gode mannen hjemme
seine Kinder kamen zu ihm
hans barn kom til ham

**aber anstatt ihre Umarmungen mit Freude
entgegenzunehmen, sah er sie an**
men i stedet for å ta imot omfavnelsene deres med glede, så
han på dem
er hielt den Ast hoch, den er in den Händen hielt
han holdt opp grenen han hadde i hendene
und dann brach er in Tränen aus
og så brast han i gråt
„**Schönheit", sagte er, „nimm bitte diese Rosen"**
"skjønnhet," sa han, "vær så snill å ta disse rosene"
„**Sie können nicht wissen, wie teuer diese Rosen waren"**
"du kan ikke vite hvor dyre disse rosene har vært"
„**Diese Rosen haben deinen Vater das Leben gekostet"**
"disse rosene har kostet din far livet"
und dann erzählte er von seinem tödlichen Abenteuer
og så fortalte han om sitt fatale eventyr
Sofort schrien die beiden ältesten Schwestern
straks ropte de to eldste søstrene
**und sie sagten viele gemeine Dinge zu ihrer schönen
Schwester**
og de sa mange slemme ting til sin vakre søster
aber die Schönheit weinte überhaupt nicht
men skjønnheten gråt ikke i det hele tatt
„**Seht euch den Stolz dieses kleinen Schurken an", sagten
sie**
"Se på stoltheten til den lille stakkaren," sa de
„**Sie hat nicht nach schönen Kleidern gefragt"**
"hun ba ikke om fine klær"
„**Sie hätte tun sollen, was wir getan haben"**
"hun burde ha gjort det vi gjorde"
„**Sie wollte sich hervortun"**
"hun ønsket å skille seg ut"
„**so wird sie nun den Tod unseres Vaters bedeuten"**
"så nå skal hun være farens død"
„**und doch vergießt sie keine Träne"**
"og likevel feller hun ikke en tåre"

"Warum sollte ich weinen?", **antwortete die Schönheit**
"Hvorfor skulle jeg gråte?" svarte skjønnhet
„Weinen wäre völlig unnötig"
"å gråte ville være veldig unødvendig"
„Mein Vater wird nicht für mich leiden"
"min far vil ikke lide for meg"
„Das Monster wird eine seiner Töchter akzeptieren"
"monsteret vil godta en av døtrene hans"
„Ich werde mich seiner ganzen Wut aussetzen"
"Jeg vil ofre meg til all hans vrede"
„Ich bin sehr glücklich, denn mein Tod wird das Leben meines Vaters retten"
"Jeg er veldig glad, for min død vil redde min fars liv"
„Mein Tod wird ein Beweis meiner Liebe sein"
"min død vil være et bevis på min kjærlighet"
„Nein, Schwester", sagten ihre drei Brüder
"Nei, søster," sa hennes tre brødre
„das darf nicht sein"
"det skal ikke være"
„Wir werden das Monster finden"
"vi skal finne monsteret"
"und entweder wir werden ihn töten..."
"og enten dreper vi ham..."
„... oder wir werden bei dem Versuch umkommen"
"... ellers går vi til grunne i forsøket"
„Stellt euch nichts dergleichen vor, meine Söhne", sagte der Kaufmann
"Ikke forestill deg noe slikt, mine sønner," sa kjøpmannen
„Die Kraft des Biests ist so groß, dass ich keine Hoffnung habe, dass Ihr es besiegen könntet."
"dyrets kraft er så stor at jeg ikke har noe håp om at du kunne overvinne ham"
„Ich bin entzückt von dem freundlichen und großzügigen Angebot der Schönheit"
"Jeg er sjarmert av skjønnhetens snille og sjenerøse tilbud"
„aber ich kann ihre Großzügigkeit nicht annehmen"

"men jeg kan ikke akseptere hennes generøsitet"
„Ich bin alt und habe nicht mehr lange zu leben"
"Jeg er gammel, og jeg har ikke lenge igjen å leve"
„also kann ich nur ein paar Jahre verlieren"
"så jeg kan bare tape noen få år"
„Zeit, die ich für euch bereue, meine lieben Kinder"
"tid som jeg angrer på for dere mine kjære barn"
„Aber Vater", sagte die Schönheit
"Men far," sa skjønnhet
„Du sollst nicht ohne mich in den Palast gehen"
"du skal ikke gå til palasset uten meg"
„Du kannst mich nicht davon abhalten, dir zu folgen"
"du kan ikke stoppe meg fra å følge deg"
nichts könnte Schönheit vom Gegenteil überzeugen
ingenting kunne overbevise skjønnhet ellers
Sie bestand darauf, in den schönen Palast zu gehen
hun insisterte på å gå til det fine palasset
und ihre Schwestern waren erfreut über ihre Beharrlichkeit
og søstrene hennes var henrykte over hennes insistering

Der Kaufmann war besorgt bei dem Gedanken, seine Tochter zu verlieren
Kjøpmannen var bekymret ved tanken på å miste datteren
er war so besorgt, dass er die Truhe voller Gold vergessen hatte
han var så bekymret at han hadde glemt kisten full av gull
Abends begab er sich zur Ruhe und schloss die Tür seines Zimmers.
om natten trakk han seg tilbake for å hvile, og han lukket kammerdøren
Dann fand er zu seinem großen Erstaunen den Schatz neben seinem Bett.
så fant han til sin store forbauselse skatten ved sengen hans
er war entschlossen, es seinen Kindern nicht zu erzählen
han var fast bestemt på å ikke fortelle barna sine

Wenn sie es gewusst hätten, wären sie in die Stadt zurückgekehrt
hvis de visste det, ville de ha ønsket å reise tilbake til byen
und er war entschlossen, das Land nicht zu verlassen
og han var bestemt på ikke å forlate landet
aber er vertraute der Schönheit das Geheimnis
men han stolte på skjønnheten med hemmeligheten
Sie teilte ihm mit, dass zwei Herren gekommen seien
hun fortalte ham at det var kommet to herrer
und sie machten ihren Schwestern einen Heiratsantrag
og de kom med forslag til søstrene hennes
Sie bat ihren Vater, ihrer Heirat zuzustimmen
hun tryglet faren om å samtykke til ekteskapet deres
und sie bat ihn, ihnen etwas von seinem Vermögen zu geben
og hun ba ham gi dem noe av formuen hans
sie hatte ihnen bereits vergeben
hun hadde allerede tilgitt dem
Die bösen Kreaturen rieben ihre Augen mit Zwiebeln
de onde skapningene gned øynene med løk
um beim Abschied von der Schwester ein paar Tränen zu vergießen
å tvinge frem noen tårer da de skiltes med søsteren
aber ihre Brüder waren wirklich besorgt
men brødrene hennes var virkelig bekymret
Schönheit war die einzige, die keine Tränen vergoss
skjønnhet var den eneste som ikke felte noen tårer
sie wollte ihr Unbehagen nicht vergrößern
hun ønsket ikke å øke deres uro
Das Pferd nahm den direkten Weg zum Palast
hesten tok den direkte veien til palasset
und gegen Abend sahen sie den erleuchteten Palast
og mot kvelden så de det opplyste palasset
das Pferd begab sich wieder in den Stall
hesten tok seg inn i stallen igjen

und der gute Mann und seine Tochter gingen in die große Halle
og den gode mannen og hans datter gikk inn i den store salen
hier fanden sie einen herrlich gedeckten Tisch
her fant de et flott servert bord
der Kaufmann hatte keinen Appetit zu essen
kjøpmannen hadde ingen matlyst
aber die Schönheit bemühte sich, fröhlich zu erscheinen
men skjønnheten forsøkte å virke munter
sie setzte sich an den Tisch und half ihrem Vater
hun satte seg ved bordet og hjalp faren
aber sie dachte auch bei sich:
men hun tenkte også for seg selv:
„**Das Biest will mich sicher mästen, bevor es mich frisst"**
"beistet vil sikkert fete meg før det spiser meg"
„**deshalb sorgt er für so viel Unterhaltung"**
"det er derfor han gir så rikelig underholdning"
Nachdem sie gegessen hatten, hörten sie ein großes Geräusch
etter at de hadde spist, hørte de en stor lyd
und der Kaufmann verabschiedete sich mit Tränen in den Augen von seinem unglücklichen Kind
og kjøpmannen tok farvel med sitt uheldige barn, med tårer i øynene
weil er wusste, dass das Biest kommen würde
fordi han visste at dyret kom
Die Schönheit war entsetzt über seine schreckliche Gestalt
skjønnheten var livredd for hans grusomme form
aber sie nahm ihren Mut zusammen, so gut sie konnte
men hun tok mot til seg så godt hun kunne
und das Monster fragte sie, ob sie freiwillig mitkäme
og monsteret spurte henne om hun kom villig
"**ja, ich bin freiwillig gekommen", sagte sie zitternd**
"ja, jeg har kommet villig," sa hun skjelvende
Das Tier antwortete: „Du bist sehr gut"
dyret svarte: "Du er veldig flink"

„und ich bin Ihnen zu großem Dank verpflichtet, ehrlicher Mann"
"og jeg er veldig takknemlig overfor deg, ærlig mann"
„Geht morgen früh eure Wege"
"gå dine veier i morgen tidlig"
„aber denk nie daran, wieder hierher zu kommen"
"men tenk aldri på å komme hit igjen"
„Lebe wohl, Schönheit, lebe wohl, Biest", antwortete er
"Farvel skjønnhet, farvel beist," svarte han
und sofort zog sich das Monster zurück
og umiddelbart trakk monsteret seg tilbake
"Oh, Tochter", sagte der Kaufmann
"Å, datter," sa kjøpmannen
und er umarmte seine Tochter noch einmal
og han omfavnet datteren sin en gang til
„Ich habe fast Todesangst"
"Jeg er nesten livredd"
„glauben Sie mir, Sie sollten lieber zurückgehen"
"tro meg, du bør gå tilbake"
„Lass mich hier bleiben, statt dir"
"la meg bli her, i stedet for deg"
„Nein, Vater", sagte die Schönheit entschlossen
«Nei, far,» sa skjønnheten i en bestemt tone
„Du sollst morgen früh aufbrechen"
"du skal reise i morgen tidlig"
„überlasse mich der Obhut und dem Schutz der Vorsehung"
"overlat meg til omsorgen og beskyttelsen av forsynet"
trotzdem gingen sie zu Bett
likevel gikk de til sengs
Sie dachten, sie würden die ganze Nacht kein Auge zutun
de trodde de ikke ville lukke øynene hele natten
aber als sie sich hinlegten, schliefen sie ein
men akkurat da de la seg, sov de

Die Schönheit träumte, eine schöne Dame kam und sagte zu ihr:
skjønnhet drømte en fin dame kom og sa til henne:
„Ich bin zufrieden, Schönheit, mit deinem guten Willen"
"Jeg er fornøyd, skjønnhet, med din gode vilje"
„Diese gute Tat von Ihnen wird nicht unbelohnt bleiben"
"denne gode handlingen din skal ikke gå ubelønnet"
Die Schöne erwachte und erzählte ihrem Vater ihren Traum
skjønnhet våknet og fortalte faren sin drøm
der Traum tröstete ihn ein wenig
drømmen var med på å trøste ham litt
aber er konnte nicht anders, als bitterlich zu weinen, als er ging
men han kunne ikke la være å gråte bittert da han dro
Sobald er weg war, setzte sich Schönheit in die große Halle und weinte ebenfalls
så snart han var borte, satte skjønnheten seg ned i den store salen og gråt også
aber sie beschloss, sich keine Sorgen zu machen
men hun bestemte seg for ikke å være urolig
Sie beschloss, in der kurzen Zeit, die ihr noch zu leben blieb, stark zu sein
hun bestemte seg for å være sterk den lille tiden hun hadde igjen å leve
weil sie fest davon überzeugt war, dass das Biest sie fressen würde
fordi hun hadde fast tro på at dyret ville spise henne
Sie dachte jedoch, sie könnte genauso gut den Palast erkunden
men hun tenkte at hun like godt kunne utforske palasset
und sie wollte das schöne Schloss besichtigen
og hun ville se det fine slottet
ein Schloss, das sie bewundern musste
et slott som hun ikke kunne la være å beundre
Es war ein wunderbar angenehmer Palast
det var et herlig hyggelig palass

und sie war äußerst überrascht, als sie eine Tür sah
og hun ble ekstremt overrasket over å se en dør
und über der Tür stand, dass es ihr Zimmer sei
og over døren stod det skrevet at det var hennes rom
sie öffnete hastig die Tür
hun åpnet døren raskt
und sie war ganz geblendet von der Pracht des Raumes
og hun ble ganske blendet av rommets prakt
was ihre Aufmerksamkeit vor allem auf sich zog, war eine große Bibliothek
det som først og fremst tok opp hennes oppmerksomhet var et stort bibliotek
ein Cembalo und mehrere Notenbücher
et cembalo og flere musikkbøker
„Nun", sagte sie zu sich selbst
"Vel," sa hun til seg selv
„Ich sehe, das Biest wird meine Zeit nicht verstreichen lassen"
"Jeg ser at udyret ikke vil la tiden min henge tung"
dann dachte sie über ihre Situation nach
så reflekterte hun for seg selv om situasjonen sin
„Wenn ich einen Tag bleiben sollte, wäre das alles nicht hier"
"Hvis det var meningen at jeg skulle bli en dag ville ikke alt dette vært her"
diese Überlegung gab ihr neuen Mut
denne omtanken inspirerte henne med friskt mot
und sie nahm ein Buch aus ihrer neuen Bibliothek
og hun tok en bok fra det nye biblioteket sitt
und sie las diese Worte in goldenen Buchstaben:
og hun leste disse ordene med gyldne bokstaver:
„Begrüße Schönheit, vertreibe die Angst"
"Velkommen skjønnhet, forvis frykt"
„Du bist hier Königin und Herrin"
"Du er dronning og elskerinne her"
„Sprich deine Wünsche aus, sprich deinen Willen aus"

"Si dine ønsker, si din vilje"
„Schneller Gehorsam begegnet hier Ihren Wünschen"
"Rask lydighet oppfyller dine ønsker her"
"Ach", sagte sie mit einem Seufzer
"Akk," sa hun med et sukk
„Am meisten wünsche ich mir, meinen armen Vater zu sehen"
"Mest av alt ønsker jeg å se min stakkars far"
„und ich würde gerne wissen, was er tut"
"og jeg vil gjerne vite hva han gjør"
Kaum hatte sie das gesagt, bemerkte sie den Spiegel
Så snart hun hadde sagt dette la hun merke til speilet
zu ihrem großen Erstaunen sah sie ihr eigenes Zuhause im Spiegel
til sin store forbauselse så hun sitt eget hjem i speilet
Ihr Vater kam emotional erschöpft an
faren kom følelsesmessig utslitt
Ihre Schwestern gingen ihm entgegen
søstrene hennes gikk ham i møte
trotz ihrer Versuche, traurig zu wirken, war ihre Freude sichtbar
til tross for deres forsøk på å fremstå som sorgfulle, var gleden deres synlig
einen Moment später war alles verschwunden
et øyeblikk senere forsvant alt
und auch die Befürchtungen der Schönheit verschwanden
og skjønnhetens bekymringer forsvant også
denn sie wusste, dass sie dem Tier vertrauen konnte
for hun visste at hun kunne stole på dyret

Mittags fand sie das Abendessen fertig
Ved middagstid fant hun middagen klar
sie setzte sich an den Tisch
hun satte seg ved bordet
und sie wurde mit einem Musikkonzert unterhalten
og hun ble underholdt med en musikkkonsert

obwohl sie niemanden sehen konnte
selv om hun ikke kunne se noen
abends setzte sie sich wieder zum Abendessen
om natten satte hun seg ned til kveldsmat igjen
diesmal hörte sie das Geräusch, das das Tier machte
denne gangen hørte hun lyden dyret laget
und sie konnte nicht anders, als Angst zu haben
og hun kunne ikke la være å bli livredd
"Schönheit", sagte das Monster
"skjønnhet," sa monsteret
"erlaubst du mir, mit dir zu essen?"
"tillater du meg å spise med deg?"
"Mach, was du willst", antwortete die Schönheit zitternd
"gjør som du vil," svarte skjønnheten skjelvende
„**Nein"**, antwortete das Tier
"Nei," svarte udyret
„**Du allein bist hier die Herrin"**
"du alene er elskerinne her"
„**Sie können mich wegschicken, wenn ich Ärger mache"**
"du kan sende meg bort hvis jeg er plagsom"
„**schick mich fort, und ich werde mich sofort zurückziehen"**
"send meg bort og jeg trekker meg umiddelbart"
„**Aber sagen Sie mir: Finden Sie mich nicht sehr hässlich?"**
"Men si meg, synes du ikke jeg er veldig stygg?"
„**Das stimmt"**, sagte die Schönheit
"Det er sant," sa skjønnhet
„**Ich kann nicht lügen"**
"Jeg kan ikke fortelle en løgn"
„**aber ich glaube, Sie sind sehr gutmütig"**
"men jeg tror du er veldig godmodig"
„**Das bin ich tatsächlich"**, sagte das Monster
"Det er jeg virkelig," sa monsteret
„**Aber abgesehen von meiner Hässlichkeit habe ich auch keinen Verstand"**
"Men bortsett fra min stygghet, har jeg heller ingen mening"
„**Ich weiß sehr wohl, dass ich ein dummes Wesen bin"**

"Jeg vet godt at jeg er en dum skapning"
„Es ist kein Zeichen von Torheit, so zu denken", antwortete die Schönheit
"Det er ingen tegn på dårskap å tro det," svarte skjønnheten
„Dann iss, Schönheit", sagte das Monster
«Spis da, skjønnhet», sa monsteret
„Versuchen Sie, sich in Ihrem Palast zu amüsieren"
"prøv å underholde deg selv i palasset ditt"
"alles hier gehört dir"
"alt her er ditt"
„Und ich wäre sehr unruhig, wenn Sie nicht glücklich wären"
"og jeg ville vært veldig urolig hvis du ikke var fornøyd"
„Sie sind sehr zuvorkommend", antwortete die Schönheit
"Du er veldig imøtekommende," svarte skjønnhet
„Ich gebe zu, ich freue mich über Ihre Freundlichkeit"
"Jeg innrømmer at jeg er fornøyd med din vennlighet"
„Und wenn ich über deine Freundlichkeit nachdenke, fallen mir deine Missbildungen kaum auf"
"og når jeg tenker på din godhet, legger jeg nesten ikke merke til dine misdannelser"
„Ja, ja", sagte das Tier, „mein Herz ist gut
"Ja, ja," sa dyret, "mitt hjerte er godt
„Aber obwohl ich gut bin, bin ich immer noch ein Monster"
"men selv om jeg er god, er jeg fortsatt et monster"
„Es gibt viele Männer, die diesen Namen mehr verdienen als Sie."
"Det er mange menn som fortjener det navnet mer enn deg"
„und ich bevorzuge dich, so wie du bist"
"og jeg foretrekker deg akkurat som du er"
„und ich ziehe dich denen vor, die ein undankbares Herz verbergen"
"og jeg foretrekker deg mer enn de som skjuler et utakknemlig hjerte"
"Wenn ich nur etwas Verstand hätte", antwortete das Biest
"hvis jeg bare hadde litt fornuft," svarte udyret

„Wenn ich vernünftig wäre, würde ich Ihnen als Dank ein schönes Kompliment machen"
"Hvis jeg hadde fornuft, ville jeg gitt et fint kompliment for å takke deg"
"aber ich bin so langweilig"
"men jeg er så kjedelig"
„Ich kann nur sagen, dass ich Ihnen zu großem Dank verpflichtet bin"
"Jeg kan bare si at jeg er veldig takknemlig overfor deg"
Schönheit aß ein herzhaftes Abendessen
skjønnheten spiste en solid kveldsmat
und sie hatte ihre Angst vor dem Monster fast überwunden
og hun hadde nesten overvunnet frykten for monsteret
aber sie wollte ohnmächtig werden, als das Biest ihr die nächste Frage stellte
men hun ville besvime da dyret spurte henne neste spørsmål
"Schönheit, willst du meine Frau werden?"
"skjønnhet, vil du være min kone?"
es dauerte eine Weile, bis sie antworten konnte
hun brukte litt tid før hun kunne svare
weil sie Angst hatte, ihn wütend zu machen
fordi hun var redd for å gjøre ham sint
Schließlich sagte sie jedoch "nein, Biest"
til slutt sa hun imidlertid "nei, beist"
sofort zischte das arme Monster ganz fürchterlich
umiddelbart hveste det stakkars monsteret veldig forferdelig
und der ganze Palast hallte
og hele palasset runget
aber die Schönheit erholte sich bald von ihrem Schrecken
men skjønnheten kom seg snart etter sin skrekk
denn das Tier sprach wieder mit trauriger Stimme
fordi dyret snakket igjen med en sørgelig stemme
„Dann leb wohl, Schönheit"
"så farvel, skjønnhet"
und er drehte sich nur ab und zu um
og han snudde bare tilbake nå og da

um sie anzusehen, als er hinausging
å se på henne mens han gikk ut

jetzt war die Schönheit wieder allein
nå var skjønnheten alene igjen
Sie empfand großes Mitgefühl
hun følte mye medfølelse
„Ach, es ist tausendmal schade"
"Akk, det er tusen synd"
„Etwas, das so gutmütig ist, sollte nicht so hässlich sein"
"noe så godmodig skal ikke være så stygt"
Schönheit verbrachte drei Monate sehr zufrieden im Palast
skjønnhet tilbrakte tre måneder veldig fornøyd i palasset
jeden Abend stattete ihr das Biest einen Besuch ab
hver kveld besøkte dyret henne
und sie redeten beim Abendessen
og de snakket sammen under kveldsmaten
Sie sprachen mit gesundem Menschenverstand
de snakket med sunn fornuft
aber sie sprachen nicht mit dem, was man als geistreich bezeichnet
men de snakket ikke med det folk kaller vittighet
Schönheit entdeckte immer einen wertvollen Charakter im Biest
skjønnhet oppdaget alltid en verdifull karakter i udyret
und sie hatte sich an seine Missbildung gewöhnt
og hun hadde blitt vant til misdannelsen hans
sie fürchtete sich nicht mehr vor seinem Besuch
hun gruet seg ikke lenger til tidspunktet for hans besøk
jetzt schaute sie oft auf die Uhr
nå så hun ofte på klokken
und sie konnte es kaum erwarten, bis es neun Uhr war
og hun kunne ikke vente til klokken var ni
denn das Tier kam immer zu dieser Stunde
fordi dyret aldri savnet å komme på den timen
Es gab nur eine Sache, die Schönheit betraf

det var bare én ting som gjaldt skjønnhet
jeden Abend, bevor sie ins Bett ging, stellte ihr das Biest die gleiche Frage
hver kveld før hun la seg, stilte udyret henne det samme spørsmålet
Das Monster fragte sie, ob sie seine Frau werden wolle
monsteret spurte henne om hun ville være hans kone
Eines Tages sagte sie zu ihm: „Biest, du machst mir große Sorgen."
en dag sa hun til ham, "dyr, du gjør meg veldig urolig"
„Ich wünschte, ich könnte einwilligen, dich zu heiraten"
"Jeg skulle ønske jeg kunne samtykke til å gifte meg med deg"
„Aber ich bin zu aufrichtig, um dir zu glauben zu machen, dass ich dich heiraten würde"
"men jeg er for oppriktig til å få deg til å tro at jeg ville gifte meg med deg"
„Unsere Ehe wird nie stattfinden"
"ekteskapet vårt vil aldri skje"
„Ich werde dich immer als Freund sehen"
"Jeg vil alltid se deg som en venn"
„Bitte versuchen Sie, damit zufrieden zu sein"
"Prøv å være fornøyd med dette"
„Damit muss ich zufrieden sein", sagte das Tier
"Jeg må være fornøyd med dette," sa udyret
„Ich kenne mein eigenes Unglück"
"Jeg kjenner min egen ulykke"
„aber ich liebe dich mit der zärtlichsten Zuneigung"
"men jeg elsker deg med den ømmeste hengivenhet"
„Ich sollte mich jedoch als glücklich betrachten"
"Men jeg burde betrakte meg selv som lykkelig"
"und ich würde mich freuen, wenn du hier bleibst"
"og jeg burde være glad for at du blir her"
„versprich mir, mich nie zu verlassen"
"lov meg å aldri forlate meg"
Schönheit errötete bei diesen Worten
skjønnheten rødmet ved disse ordene

Eines Tages schaute die Schönheit in ihren Spiegel
"en dag så skjønnheten i speilet hennes"
ihr Vater hatte sich schreckliche Sorgen um sie gemacht
"faren hadde bekymret seg syk for henne"
sie sehnte sich mehr denn je danach, ihn wiederzusehen
"hun lengtet mer enn noen gang etter å se ham igjen"
„Ich könnte versprechen, dich nie ganz zu verlassen"
"Jeg kunne lovet å aldri forlate deg helt"
„aber ich habe so ein großes Verlangen, meinen Vater zu sehen"
"men jeg har et så stort ønske om å se faren min"
„Ich wäre unendlich verärgert, wenn Sie nein sagen würden"
"Jeg ville blitt umulig opprørt hvis du sier nei"
"Ich würde lieber selbst sterben", sagte das Monster
"Jeg ville heller dø selv," sa monsteret
„Ich würde lieber sterben, als dir Unbehagen zu bereiten"
"Jeg vil heller dø enn å få deg til å føle uro"
„Ich werde dich zu deinem Vater schicken"
"Jeg vil sende deg til din far"
„Du sollst bei ihm bleiben"
"du skal bli hos ham"
"und dieses unglückliche Tier wird stattdessen vor Kummer sterben"
"og dette uheldige dyret vil dø av sorg i stedet"
"Nein", sagte die Schönheit weinend
"Nei," sa skjønnheten og gråt
„Ich liebe dich zu sehr, um die Ursache deines Todes zu sein"
"Jeg elsker deg for mye til å være årsaken til din død"
„Ich verspreche Ihnen, in einer Woche wiederzukommen"
"Jeg gir deg mitt løfte om å komme tilbake om en uke"
„Du hast mir gezeigt, dass meine Schwestern verheiratet sind"
"Du har vist meg at søstrene mine er gift"
„und meine Brüder sind zur Armee gegangen"

"og mine brødre har gått til hæren"
"Lass mich eine Woche bei meinem Vater bleiben, da er allein ist"
"la meg bli en uke hos faren min, siden han er alene"
"Morgen früh wirst du dort sein", sagte das Tier
"Du skal være der i morgen tidlig," sa dyret
„Aber denk an dein Versprechen"
"men husk løftet ditt"
„Sie brauchen Ihren Ring nur auf den Tisch zu legen, bevor Sie zu Bett gehen."
"Du trenger bare legge ringen på et bord før du legger deg"
"Und dann werdet ihr vor dem Morgen zurückgebracht"
"og så vil du bli brakt tilbake før morgenen"
„Lebe wohl, liebe Schönheit", seufzte das Tier
"Farvel kjære skjønnhet," sukket udyret
Die Schönheit ging an diesem Abend sehr traurig ins Bett
skjønnhet gikk til sengs veldig trist den kvelden
weil sie das Tier nicht so besorgt sehen wollte
fordi hun ikke ville se beist så bekymret

am nächsten Morgen fand sie sich im Haus ihres Vaters wieder
neste morgen befant hun seg hjemme hos faren
sie läutete eine kleine Glocke neben ihrem Bett
hun ringte en liten bjelle ved sengen
und das Dienstmädchen stieß einen lauten Schrei aus
og hushjelpen ga et høyt skrik
und ihr Vater rannte nach oben
og faren hennes løp opp
er dachte, er würde vor Freude sterben
han trodde han skulle dø av glede
er hielt sie eine Viertelstunde lang in seinen Armen
han holdt henne i armene i et kvarter
irgendwann waren die ersten Grüße vorbei
etter hvert var de første hilsenene over
Schönheit begann daran zu denken, aus dem Bett zu steigen

skjønnhet begynte å tenke på å komme seg ut av sengen
aber sie merkte, dass sie keine Kleidung mitgebracht hatte
men hun skjønte at hun ikke hadde tatt med seg klær
aber das Dienstmädchen sagte ihr, sie habe eine Kiste gefunden
men hushjelpen fortalte henne at hun hadde funnet en boks
der große Koffer war voller Kleider und Kleider
den store bagasjerommet var full av kjoler og kjoler
jedes Kleid war mit Gold und Diamanten bedeckt
hver kjole var dekket med gull og diamanter
Schönheit dankte dem Tier für seine freundliche Pflege
skjønnheten takket dyret for hans vennlige omsorg
und sie nahm eines der schlichtesten Kleider
og hun tok en av de enkleste av kjolene
Die anderen Kleider wollte sie ihren Schwestern schenken
hun hadde til hensikt å gi de andre kjolene til søstrene sine
aber bei diesem Gedanken verschwand die Kleidertruhe
men ved den tanken forsvant kleskrinet
Das Biest hatte darauf bestanden, dass die Kleidung nur für sie sei
beist hadde insistert på at klærne bare var for henne
ihr Vater sagte ihr, dass dies der Fall sei
faren fortalte henne at dette var tilfelle
und sofort kam die Kleidertruhe wieder zurück
og straks kom klesstammen tilbake igjen
Schönheit kleidete sich mit ihren neuen Kleidern
skjønnheten kledde seg med sine nye klær
und in der Zwischenzeit gingen die Mägde los, um ihre Schwestern zu finden
og i mellomtiden gikk tjenestepiker for å finne søstrene hennes
Ihre beiden Schwestern waren mit ihren Ehemännern
begge søstrene hennes var sammen med sine menn
aber ihre beiden Schwestern waren sehr unglücklich
men begge søstrene hennes var svært ulykkelige
Ihre älteste Schwester hatte einen sehr gutaussehenden Herrn geheiratet

hennes eldste søster hadde giftet seg med en veldig kjekk
herre
**aber er war so selbstgefällig, dass er seine Frau
vernachlässigte**
men han var så glad i seg selv at han forsømte sin kone
**Ihre zweite Schwester hatte einen geistreichen Mann
geheiratet**
hennes andre søster hadde giftet seg med en vittig mann
aber er nutzte seinen Witz, um die Leute zu quälen
men han brukte sin vitnesbyrd til å plage folk
und am meisten quälte er seine Frau
og han plaget sin kone mest av alt
**Die Schwestern der Schönheit sahen sie wie eine Prinzessin
gekleidet**
skjønnhetens søstre så henne kledd som en prinsesse
und sie waren krank vor Neid
og de ble syke av misunnelse
jetzt war sie schöner als je zuvor
nå var hun vakrere enn noen gang
**ihr liebevolles Verhalten konnte ihre Eifersucht nicht
unterdrücken**
hennes kjærlige oppførsel kunne ikke kvele deres sjalusi
Sie erzählte ihnen, wie glücklich sie mit dem Tier war
hun fortalte dem hvor glad hun var i dyret
und ihre Eifersucht war kurz vor dem Platzen
og deres sjalusi var klar til å briste

Sie gingen in den Garten, um über ihr Unglück zu weinen
De gikk ned i hagen for å gråte over ulykken sin
„Inwiefern ist dieses kleine Geschöpf besser als wir?"
"På hvilken måte er denne lille skapningen bedre enn oss?"
„Warum sollte sie so viel glücklicher sein?"
"Hvorfor skulle hun være så mye lykkeligere?"
„Schwester", sagte die ältere Schwester
«Søster», sa storesøsteren
„Mir ist gerade ein Gedanke gekommen"

"en tanke slo meg"
„Versuchen wir, sie länger als eine Woche hier zu behalten"
"la oss prøve å holde henne her i mer enn en uke"
„Vielleicht macht das das dumme Monster wütend"
"kanskje dette vil gjøre det dumme monsteret rasende"
„weil sie ihr Wort gebrochen hätte"
"fordi hun ville ha brutt ordet"
"und dann könnte er sie verschlingen"
"og så kan han sluke henne"
"Das ist eine tolle Idee", antwortete die andere Schwester
"det er en god idé," svarte den andre søsteren
„Wir müssen ihr so viel Freundlichkeit wie möglich entgegenbringen"
"vi må vise henne så mye vennlighet som mulig"
Die Schwestern fassten den Entschluss
søstrene gjorde dette til deres beslutning
und sie verhielten sich sehr liebevoll gegenüber ihrer Schwester
og de oppførte seg veldig kjærlig mot sin søster
Die arme Schönheit weinte vor Freude über all ihre Freundlichkeit
stakkars skjønnhet gråt av glede av all deres vennlighet
Als die Woche um war, weinten sie und rauften sich die Haare
da uken var utløpt, gråt de og rev seg i håret
es schien ihnen so leid zu tun, sich von ihr zu trennen
de virket så lei seg for å skille seg fra henne
und die Schönheit versprach, noch eine Woche länger zu bleiben
og skjønnheten lovet å bli en uke lenger

In der Zwischenzeit konnte die Schönheit nicht umhin, über sich selbst nachzudenken
I mellomtiden kunne ikke skjønnheten la være å reflektere over seg selv

sie machte sich Sorgen darüber, was sie dem armen Tier antat
hun var bekymret for hva hun gjorde mot stakkars beistet
Sie wusste, dass sie ihn aufrichtig liebte
hun vet at hun elsket ham oppriktig
und sie sehnte sich wirklich danach, ihn wiederzusehen
og hun lengtet virkelig etter å se ham igjen
Auch die zehnte Nacht verbrachte sie bei ihrem Vater
den tiende natten tilbrakte hun også hos faren
sie träumte, sie sei im Schlossgarten
hun drømte at hun var i slottshagen
und sie träumte, sie sähe das Tier ausgestreckt im Gras liegen
og hun drømte at hun så dyret utstrakt på gresset
er schien ihr mit sterbender Stimme Vorwürfe zu machen
han så ut til å bebreide henne med en døende stemme
und er warf ihr Undankbarkeit vor
og han anklaget henne for utakknemlighet
Schönheit erwachte aus ihrem Schlaf
skjønnheten våknet fra søvnen hennes
und sie brach in Tränen aus
og hun brast i gråt
„**Bin ich nicht sehr böse?**"
"Er jeg ikke veldig ond?"
„**War es nicht grausam von mir, so unfreundlich gegenüber dem Tier zu sein?**"
"Var det ikke grusomt av meg å handle så uvennlig mot udyret?"
„**Das Biest hat alles getan, um mir zu gefallen**"
"beist gjorde alt for å glede meg"
"Ist es seine Schuld, dass er so hässlich ist?"
"Er det hans feil at han er så stygg?"
„**Ist es seine Schuld, dass er so wenig Verstand hat?**"
"Er det hans feil at han har så lite vidd?"
„**Er ist freundlich und gut, und das genügt**"
"Han er snill og god, og det er nok"

„Warum habe ich mich geweigert, ihn zu heiraten?"
"Hvorfor nektet jeg å gifte meg med ham?"
„Ich sollte mit dem Monster glücklich sein"
"Jeg burde være fornøyd med monsteret"
„Schau dir die Männer meiner Schwestern an"
"se på ektemennene til søstrene mine"
„Weder Witz noch Schönheit machen sie gut"
"verken vitneri, eller et vesen kjekk gjør dem gode"
„Keiner ihrer Ehemänner macht sie glücklich"
"ingen av ektemennene deres gjør dem lykkelige"
„sondern Tugend, Sanftmut und Geduld"
"men dyd, temperamentets sødme og tålmodighet"
„Diese Dinge machen eine Frau glücklich"
"disse tingene gjør en kvinne glad"
„und das Tier hat all diese wertvollen Eigenschaften"
"og udyret har alle disse verdifulle egenskapene"
„es ist wahr, ich empfinde keine Zärtlichkeit und Zuneigung für ihn"
"det er sant; jeg føler ikke ømheten av hengivenhet for ham"
„aber ich empfinde für ihn die allergrößte Dankbarkeit"
"men jeg finner ut at jeg har den høyeste takknemlighet for ham"
„und ich habe die höchste Wertschätzung für ihn"
"og jeg har den høyeste aktelse av ham"
"und er ist mein bester Freund"
"og han er min beste venn"
„Ich werde ihn nicht unglücklich machen"
"Jeg vil ikke gjøre ham ulykkelig"
„Wenn ich so undankbar wäre, würde ich mir das nie verzeihen"
"Hvis jeg skulle vært så utakknemlig, ville jeg aldri tilgitt meg selv"
Schönheit legte ihren Ring auf den Tisch
skjønnheten la ringen sin på bordet
und sie ging wieder zu Bett
og hun la seg igjen

kaum war sie im Bett, da schlief sie ein
knapt var hun i seng før hun sovnet

Sie wachte am nächsten Morgen wieder auf
hun våknet igjen neste morgen
und sie war überglücklich, sich im Palast des Tieres wiederzufinden
og hun var overlykkelig over å finne seg selv i udyrets palass
Sie zog eines ihrer schönsten Kleider an, um ihm zu gefallen
hun tok på seg en av sine fineste kjoler for å glede ham
und sie wartete geduldig auf den Abend
og hun ventet tålmodig på kvelden
kam die ersehnte Stunde
kom den ønskete timen
die Uhr schlug neun, doch kein Tier erschien
klokken slo ni, men ingen beist dukket opp
Schönheit befürchtete dann, sie sei die Ursache seines Todes gewesen
skjønnhet fryktet da hun hadde vært årsaken til hans død
Sie rannte weinend durch den ganzen Palast
hun løp gråtende rundt i palasset
nachdem sie ihn überall gesucht hatte, erinnerte sie sich an ihren Traum
etter å ha søkt etter ham overalt, husket hun drømmen
und sie rannte zum Kanal im Garten
og hun løp til kanalen i hagen
Dort fand sie das arme Tier ausgestreckt
der fant hun stakkars beist utstrakt
und sie war sicher, dass sie ihn getötet hatte
og hun var sikker på at hun hadde drept ham
sie warf sich ohne Furcht auf ihn
hun kastet seg over ham uten frykt
sein Herz schlug noch
hjertet hans slo fortsatt
sie holte etwas Wasser aus dem Kanal
hun hentet litt vann fra kanalen

und sie goss das Wasser über seinen Kopf
og hun helte vannet på hodet hans
Das Tier öffnete seine Augen und sprach mit der Schönheit
dyret åpnet øynene og snakket til skjønnheten
„Du hast dein Versprechen vergessen"
"Du glemte løftet ditt"
„Es hat mir das Herz gebrochen, dich verloren zu haben"
"Jeg var så knust å ha mistet deg"
„Ich beschloss, zu hungern"
"Jeg bestemte meg for å sulte meg selv"
„aber ich habe das Glück, Sie wiederzusehen"
"men jeg har gleden av å se deg igjen"
„so habe ich das Vergnügen, zufrieden zu sterben"
"så jeg har gleden av å dø fornøyd"
„Nein, liebes Tier", sagte die Schönheit, „du darfst nicht sterben"
"Nei, kjære beist," sa skjønnhet, "du må ikke dø"
„Lebe, um mein Ehemann zu sein"
"Lev for å være mannen min"
„Von diesem Augenblick an reiche ich dir meine Hand"
"fra dette øyeblikket gir jeg deg min hånd"
„und ich schwöre, niemand anderes als Dein zu sein"
"og jeg sverger å ikke være andre enn din"
„Ach! Ich dachte, ich hätte nur Freundschaft für dich."
"Akk! Jeg trodde jeg bare hadde et vennskap for deg"
"aber der Kummer, den ich jetzt fühle, überzeugt mich;"
"men sorgen jeg nå føler overbeviser meg;
„Ich kann nicht ohne dich leben"
"Jeg kan ikke leve uten deg"
Schönheit hatte diese Worte kaum gesagt, als sie ein Licht sah
skjønnhet hadde knapt sagt disse ordene da hun så et lys
der Palast funkelte im Licht
palasset glitret av lys
Feuerwerk erleuchtete den Himmel
fyrverkeri lyste opp himmelen

und die Luft erfüllt mit Musik
og luften fylt med musikk
alles kündigte ein großes Ereignis an
alt ga beskjed om en flott begivenhet
aber nichts konnte ihre Aufmerksamkeit fesseln
men ingenting kunne holde oppmerksomheten hennes
sie wandte sich ihrem lieben Tier zu
hun snudde seg til sitt kjære beist
das Tier, vor dem sie vor Angst zitterte
dyret som hun skalv av frykt for
aber ihre Überraschung über das, was sie sah, war groß!
men overraskelsen hennes var stor over det hun så!
das Tier war verschwunden
dyret var forsvunnet
stattdessen sah sie den schönsten Prinzen
i stedet så hun den vakreste prinsen
sie hatte den Zauber beendet
hun hadde gjort slutt på trolldommen
ein Zauber, unter dem er einem Tier ähnelte
en trolldom hvor han lignet et beist
dieser Prinz war all ihre Aufmerksamkeit wert
denne prinsen var all oppmerksomheten hennes verdig
aber sie konnte nicht anders und musste fragen, wo das Biest war
men hun kunne ikke la være å spørre hvor dyret var
„Du siehst ihn zu deinen Füßen", sagte der Prinz
"Du ser ham for dine føtter," sa prinsen
„Eine böse Fee hatte mich verdammt"
"En ond fe hadde fordømt meg"
„Ich sollte diese Gestalt behalten, bis eine wunderschöne Prinzessin einwilligte, mich zu heiraten."
"Jeg skulle forbli i den formen til en vakker prinsesse gikk med på å gifte seg med meg"
„Die Fee hat mein Verständnis verborgen"
"feen gjemte min forståelse"

„Du warst der Einzige, der großzügig genug war, um von meiner guten Laune bezaubert zu sein."
"du var den eneste sjenerøse nok til å bli sjarmert av det gode humøret mitt"
Schönheit war angenehm überrascht
skjønnheten ble lykkelig overrasket
und sie gab dem bezaubernden Prinzen ihre Hand
og hun ga den sjarmerende prinsen sin hånd
Sie gingen zusammen ins Schloss
de gikk sammen inn i slottet
und die Schöne war überglücklich, ihren Vater im Schloss zu finden
og skjønnheten var overlykkelig over å finne faren hennes i slottet
und ihre ganze Familie war auch da
og hele familien hennes var der også
sogar die schöne Dame, die in ihrem Traum erschienen war, war da
selv den vakre damen som dukket opp i drømmen hennes var der
"Schönheit", sagte die Dame aus dem Traum
«skjønnhet», sa damen fra drømmen
„Komm und empfange deine Belohnung"
"kom og motta din belønning"
„**Sie haben die Tugend dem Witz oder dem Aussehen vorgezogen"**
"du har foretrukket dyd fremfor vidd eller utseende"
„**und Sie verdienen jemanden, in dem diese Eigenschaften vereint sind"**
"og du fortjener noen som disse egenskapene er forent i"
„**Du wirst eine großartige Königin sein"**
"du kommer til å bli en stor dronning"
„**Ich hoffe, der Thron wird deine Tugend nicht schmälern"**
"Jeg håper ikke tronen vil redusere din dyd"
Dann wandte sich die Fee an die beiden Schwestern
så vendte feen seg mot de to søstrene

„Ich habe in eure Herzen geblickt"
"Jeg har sett inni hjertene deres"
„und ich kenne die ganze Bosheit, die in euren Herzen steckt"
"og jeg vet all ondskapen deres hjerter inneholder"
„Ihr beide werdet zu Statuen"
"dere to vil bli statuer"
„Aber ihr werdet euren Verstand bewahren"
"men du vil holde tankene dine"
„Du sollst vor den Toren des Palastes deiner Schwester stehen"
"du skal stå ved portene til din søsters palass"
„Das Glück deiner Schwester soll deine Strafe sein"
"din søsters lykke skal være din straff"
„Sie werden nicht in Ihren früheren Zustand zurückkehren können"
"du vil ikke kunne returnere til dine tidligere stater"
„es sei denn, Sie beide geben Ihre Fehler zu"
"med mindre dere begge innrømmer deres feil"
„Aber ich sehe voraus, dass ihr immer Statuen bleiben werdet"
"men jeg er forutsett at du alltid vil forbli statuer"
„Stolz, Zorn, Völlerei und Faulheit werden manchmal besiegt"
"stolthet, sinne, fråtsing og lediggang blir noen ganger beseiret"
„aber die Bekehrung neidischer und böswilliger Gemüter sind Wunder"
" men omvendelse av misunnelige og ondsinnede sinn er mirakler"
sofort strich die Fee mit ihrem Zauberstab
umiddelbart ga feen et slag med tryllestaven
und im nächsten Augenblick waren alle im Saal entrückt
og i et øyeblikk ble alle som var i salen fraktet
Sie waren in die Herrschaftsgebiete des Fürsten eingedrungen

de hadde gått inn i fyrstens herredømme
die Untertanen des Prinzen empfingen ihn mit Freude
prinsens undersåtter tok imot ham med glede
der Priester heiratete die Schöne und das Biest
presten giftet seg med skjønnheten og udyret
und er lebte viele Jahre mit ihr
og han bodde hos henne i mange år
und ihr Glück war vollkommen
og deres lykke var fullstendig
weil ihr Glück auf Tugend beruhte
fordi deres lykke var basert på dyd

      Das Ende
      Slutten